BEI GRIN MACHT SICH IHR WISSEN BEZAHLT

- Wir veröffentlichen Ihre Hausarbeit, Bachelor- und Masterarbeit

- Ihr eigenes eBook und Buch - weltweit in allen wichtigen Shops

- Verdienen Sie an jedem Verkauf

Jetzt bei www.GRIN.com hochladen und kostenlos publizieren

Jorge Andres Justiniano Nava

Der Heldenkult rund um Jose Marti

In welcher Weise ist José Martí ein doppelter Held, d.h. Held auf Kuba und auch Held der Dissidentenkubaner und welche Ziele wollen diese beiden Gruppen dadurch erreichen?

GRIN Verlag

Bibliografische Information der Deutschen Nationalbibliothek:

Die Deutsche Bibliothek verzeichnet diese Publikation in der Deutschen National-
bibliografie; detaillierte bibliografische Daten sind im Internet über http://dnb.d-
nb.de/ abrufbar.

Impressum:

Copyright © 2010 GRIN Verlag GmbH
Druck und Bindung: Books on Demand GmbH, Norderstedt Germany
ISBN: 978-3-656-05070-4

Dieses Buch bei GRIN:

http://www.grin.com/de/e-book/180867/der-heldenkult-rund-um-jose-marti

GRIN - Your knowledge has value

Der GRIN Verlag publiziert seit 1998 wissenschaftliche Arbeiten von Studenten, Hochschullehrern und anderen Akademikern als eBook und gedrucktes Buch. Die Verlagswebsite www.grin.com ist die ideale Plattform zur Veröffentlichung von Hausarbeiten, Abschlussarbeiten, wissenschaftlichen Aufsätzen, Dissertationen und Fachbüchern.

Besuchen Sie uns im Internet:

http://www.grin.com/

http://www.facebook.com/grincom

http://www.twitter.com/grin_com

DER HELDENKULT RUND UM JOSÉ MARTÍ

In welcher Weise ist José Martí ein doppelter Held, d.h. Held auf Kuba und auch Held der Dissidentenkubaner und welche Ziele wollen diese beiden Gruppen dadurch erreichen?

Facharbeit Geschichte

Vorgelegt von: Jorge Andrés Justiniano Nava

Schule: Deutsche Schule Santa Cruz

Wortzahl: 1986

Santa Cruz de la Sierra, 6. Oktober, 2010.

INHALTSVERZEICHNIS

A. Entwurf der Untersuchung

Kaum ein anderer amerikanischer Intelektueller gilt für so unterschiedliche gesellschaftliche, ideologische und politische Gruppen als Vorbild José Martí.[1] Er wird sowohl von Kubanern, die Anhänger von Fidel Castro sind, als auch von den Dissidenten Kubas als Held angesehen.

Das Ziel dieser Arbeit ist, sowohl die Gemeinsamkeiten, als auch die Unterschiede, die der Martikult beider Seiten aufweist, zu untersuchen. Es ergibt sich also folgende Frage: In welcher Weise ist José Martí ein doppelter Held, d.h. Held auf Kuba und auch Held der Dissidentenkubaner und welche Ziele wollen diese beiden Gruppen dadurch erreichen?

Der Umfang dieser Untersuchung ist auf die Untersuchung des Heldenkults von Martí wegen seiner politischen Karriere und seinem Einsatz für ein freies Kuba begrenzt. Die Bedeutung von Martí als Dichter und Intellektueller wird nicht analysiert.

Um die Forschungsfrage genau zu beantworten werden Primär- und Sekundärquellen benutzt. Mit Hilfe von Geschichtsbüchern wird der historische Hintergrund José Martís erforscht. Dann werden Reden von Castro, sowie auch verschiedene Dokumente und Tondokumente von Dissidentenkubanern analysiert, um den Martíkult jeder Seite zu untersuchen. Daraus werden die Ziele abgeleitet und miteinander verglichen, um festzustellen, ob es Unterschiede gibt oder nicht.

B. Zusammenfassung der Beweislage

Um ein besseres Verständnis über dieses Thema zu haben, halte ich es für vernünftig, zuerst die historischen Hintergründe des Heldenkults Martís zu untersuchen. Auf diese Weise werden wir in der Lage sein, zu erkennen, wie es zum großen Einsatz Martís für ein unabhängiges Kuba kam, und warum so viele Kubaner von entgegengesetzten Ideologien sich auf ihn berufen.

José Martí ist am 28. Januar 1853 in La Habana geboren.[2] Er stammte aus einer spanischen Familie.[3] Sein Vater war *sargento* der spanischen Artillerie,[4] und beschäftigte sich deshalb viel mit der spanischen Kolonialverwaltung. Zu dieser Zeit war Kuba noch von den Spaniern besetzt und kontrolliert. Versklavung und soziale Ungerechtigkeiten gegenüber den Arbeitern waren also an der Tagesordnung,[5] wie es José Martí klar wurde

---

[1]Vgl. Beck, Johannes: *José Martí und die Unabhängigkeitsbewegung.* Hauptseminararbeit am Historischen Seminar der Universität Köln. Köln. 1998. S. 1.
[2]Vgl. Martí, José: *Poesías Completas.* Claridad Verlag. Buenos Aires. 1983. S. 21.
[3]Vgl. Ebd.
[4]Vgl. Staten, Clifford L.: *The History of Cuba.* Palgrave Macmillan Verlag. New York. 2005. S. 43.
[5]Vgl. Zeuske, Michael: *Kleine Geschichte Kubas.* Beck Verlag. München. 2007.S. 110 ff.

während eines Aufenthaltes in einem Zuckeranbaugebiet, wo er die schlechten Lebensbedingungen, unter denen die schwarzen Sklaven leiden mussten, kennenlernte.[6]

In den nächsten Jahren musste Martí im Exil leben wegen seiner offenen Unterstützung der Unabhängigkeit Kubas.[7] Im Exil verfasste er zahlreiche literarische Werke und Zeitungsartikel, die ihn in Lateinamerika bekannt machten.[8] Martí wurde zu einem der Vorläufer des neu entstandenen Modernismus.[9] Dies lenkte ihn jedoch nicht von seinem Hauptziel ab, die Befreiung und Unabhängigkeit seines Mutterlands von der spanischen Herrschaft.[10] Im Exil war Martí Erfahrungen ausgesetzt, die seine Weltanschauung veränderten. So begriff er, dass eine auf dem *Caudillismo*[11] gestützte Revolution nicht erfolgreich sein könnte. Außerdem wurde ihm klar, was für eine Gefahr die expansionistischen Interessen der USA für Kuba darstellten.[12] Man kann die Ideologie Martís in zwei Hauptgedanken zusammenfassen. Erstens, die Auslöschung der sozialen Ungerechtigkeiten, die durch die Kolonialmächte hervorgerufen wurden.[13] Und zweitens, die „Festigung einer eigenen Identität und Kultur, um eine vollkommene politische Unabhängigkeit zu schaffen."[14] Martís Verhältnis war von Vorurteilslosigkeit gegenüber anderen Völkern, wie zum Beispiel zur schwarzen Bevölkerung, Spaniern, indigenen Bevölkerung, usw. geprägt.[15]

Nachdem Martí die Unabhängigkeitsbewegung in den USA vorbereitet hatte,[16] kehrte er ein drittes Mal nach Kuba zurück. Mit dem „Grito de Baire" begann der Unabhängigkeitskrieg.[17] Martí wurde erschossen und konnte seinen Traum von einem von der spanischen Herrschaft befreiten Kuba nicht erleben, der drei Jahre später umgesetzt wurde.[18]

Daher wird José Martí als kubanischer Held dargestellt. Kuba ist beispielsweise mit Denkmälern Martís übersät. Der internationale Flughafen und der Hauptplatz heißen José

---

[6]Zu dieser Zeit „bildete sich der moderne Typ einer nach den Prinzipien der kapitalistischen Wirtschaft betriebenen Plantage heraus, [...] [die] zur Ansammlung grosser Menschenmassen [führte]" (Beyhaut, Gustavo (Hrsg.): *Fischer Weltgeschichte: Süd- und Mittelamerika II: Von der Unabhängigkeit bis zur Krise der Gegenwart.* Fischer Taschenbuch Verlag. Frankfurt am Main. 2004. S. 124.

[7]Vgl. Eisenschmid, Rainer, u.a. (Hrsg.): *Kuba.* Baedeker Verlag. Ostfildern. 2006. S. 78.

[8]Vgl. Ebd.

[9]Vgl.Martí: a.a.O., S. 12

[10]Vgl. Ebd.: S. 29

[11]Vgl.Beck: a.a.O., S. 11f.

[12]Martí bringt dies zum Ausdruck mit folgenden Wörtern: „Ich bin jeden Tag in Gefahr, mein Leben zu lassen für mein Land und für meine Aufgabe..., eine Aufgabe, die mich dazu verpflichtet, durch die Unabhängigkeit Kubas rechtzeitig zu verhindern, dass sich die Vereinigten Staaten auf den Antillen breitmachen und sich dann, nach diesem Kräftezuwachs, auf unsere amerikanischen Vaterländer zu stürzen." (Gaedeke, Dieter: *Geißel oder süßes Gold?: Zur Rolle des Zuckers in der kubanischen Geschichte.* In: Praxis Geschichte. Heft 1 Jahrgang 1992. Westermann Verlag. Braunschweig. 1992. Seite 26-31.)

[13]Vgl. Beck: a.a.O., S. 11.

[14]Ebd.

[15]Vgl. Ebd.: S. 13.

[16]Vgl.Zeuske: a.a.O., S. 136.

[17]Vgl. Ebd., S. 135.

[18]Vgl.Martí: a.a.O., S. 40

Martí,[19] und es gibt die José Martí Straße. Überall ist der Name dieses Nationalhelden zu hören. Aber auch die Dissidentenkubaner haben ein Heldenkult für José Martí entwickelt. In New York und Florida gibt es Denkmäler von Martí. Der von den USA gesponserte Radio- und TV-Sender heißt, wie könnte es anders sein, José Martí.[20] Sowohl Anhänger Castros als auch Dissidentenkubaner organisieren jedes Jahr Veranstaltungen zur Ehrung José Martís.

C. Bewertung der Quellen

Die achtseitige Rede, die Fidel Castro am 29. Januar 2003 anlässlich der Ehrung zum 150. Geburtstag von José Martí gehalten hat, ist eine Hauptquelle für meine Arbeit.[21] Diese Rede hat Fidel Castro zum Abschluss der Internationalen Konferenz für das Gleichgewicht der Welt vorgetragen, sie war an die Teilnehmer dieses internationalen Treffens gerichtet, aber später auch an die Öffentlichkeit, da er fünf Jahre später die Presse bat, diese Rede zu veröffentlichen.[22]

Castro, der Autor, war die Hauptfigur der Revolution 1959.[23] In diesem Jahr wurde er zum „Máximo Líder" erklärt. Von da an übernahm Castro die Führungsrolle der Revolution, die fast 50 Jahre dauerte. Castro verkörpert und vermittelt nicht nur alle Interessen der kubanischen Kommunisten, sondern bestimmt sie. Diese Quelle ist so wertvoll, weil der Autor selbst der Führer der Kommunisten ist. Der Wert dieser Quelle besteht also darin, dass wir in der Lage sind zu bestimmen, wie Martí von der kommunistischen Führung angesehen wird.

Die unmittelbare Absicht Castros ist Marti als Nationalhelden zu verehren und sich auch an seinen außerordentlichen Einsatz für ein freies Kuba zu erinnern. Allerdings kann man auch sagen, dass diese Rede auch propagandistische Absichten hat. Martí gilt in Kuba als Nationalheld und wird als der Apostel betrachtet. Deshalb könnte Castro diese Gelegenheit genutzt haben, um Martí so darzustellen, dass die Leute Martís und Castros Ideologien und Interessen verbinden, was vorteilhaft für das Regime von Castro ist.

Diese Quelle weist jedoch einige Eingrenzungen auf. Die erste ist, dass sie überhaupt keine historischen Ereignisse nennt. Eine andere Eingrenzung besteht in der Tatsache, dass sie keine neutrale Quelle ist, sondern die Informationen, die sie enthält, werden

---

[19]Vgl. Beck: a.a.O., S. 1.

[20]Vgl. Ebd.

[21] Die Rede des Präsidenten der Republik Kuba, Fidel Castro Ruz, zum Abschluß der Internationalen Konferenz Für das Gleichgewicht der Welt, veranstaltet als Erinnerung an den den 150. Geburtstag José Martís, am 29. Januar 2003 findet sich in: http://www.cuba.cu/gobierno/discursos. Künftig zitiert: Fidel 2003.

[22]Rede von Fidel Castro, gehalten am 28. Januar 2008 zur Ehrung von José Martí. (Entnommen aus: http://www.cuba.cu/gobierno/discursos/) Diese Rede ist im Anhang abgedruckt und mit Q1 bezeichnet.

[23]Vgl. Immisch, Joachim u. Goerlitz, Erich: *Zeiten und Menschen: Zeitgeschichte: Von der Oktoberrevolution bis zur Gegenwart.* Schöningh Verlag. Paderborn. 1983. S. 214.

durch die Ideologie und Vorstellungen von Castro geprägt. Daher ist diese Quelle absolut subjektiv.

Eine weitere Hauptquelle ist die Reportage über José Martí, anlässlich einer Rede von Armando Fleites, die der Dissidentenkubaner am 27. Januar 2008 in Miami hielt. Diese Reportage habe ich vom Tondokument[24] ins Spanische redaktiert.[25] Diese Rede wurde auf einer Veranstaltung zur Erinnerung an José Martí gehalten. Sie war an alle Personen gerichtet, die an dieser Feier teilnahmen, aber auch an die Öffentlichkeit, da dort auch die Radiosender vorhanden waren, und ein Tag später wurde eine Reportage über diese Rede vom Radiosender „José Martí" übertragen.

Armando Fleites ist ein Dissidentenkubaner, der wegen seiner öffentlichen Ablehnung zum Regime Castros ins Exil gelangte. Er ist also ein typischer Dissidentenkubaner. Da wir diese Informationen aus erster Hand gewinnen, ist diese Quelle sehr wertvoll, wenn man untersuchen will, was Martí für die Dissidentenkubaner bedeutet. Außerdem wurde diese Rede bei einer Veranstaltung gehalten, an der viele Personen mit einer ähnlichen Vorstellung über Martí anwesend waren, was den Wert dieser Quelle erhöht.

Trotzdem kann man nicht die Meinung von Armando Fleites über José Martí verallgemeinern. Dissidentenkubaner haben unterschiedliche Hintergründe und dadurch können sie auch andere Vorstellungen von Martí haben. Weiterhin sind die Informationen, die in dieser Quelle vermittelt werden, nicht neutral und enthalten keine historischen Angaben.

Das Ziel von Fleites ist, seine Meinung und Vorstellung über Martí zu verbreiten. Damit will Fleites Martí als Nationalheld und Apostel der Kubaner hervorheben. Da diese Rede auch an die Öffentlichkeit gerichtet war, kann man sagen, dass diese Rede auch propagandistische Wirkungen erreichen wollte. Fleites wollte die Ähnlichkeit von Martís Ideologie mit seiner eigenen Ideologie herausheben.

D. Analyse

Im ersten Teil meiner Analyse werde ich die Gemeinsamkeiten im Martikult von beiden Seiten genau untersuchen.

Martí wird sowohl von der kommunistischen Seite als auch von der Seite der Dissidenten als Nationalheld betrachtet.Durch seinen Einsatz und Kampf für ein von der spanischen Herrschaft freies Kuba hat er sich einen Ruf als „Held" geschaffen und damit bewirkt, dass er häufig als Vorbild genommen wird.

---

[24] Isa, Juana: *Reportage: El exilio cubano ratifica vocación martiana.* Noticias Radio Martí. Miami. 28. Januar 2008.(Entnommen aus:
http://www.martinoticias.com/fullstory.aspx?id=5588025141381681099077726408088268166890). Künftig zitiert: Isa 2008. Diese Reportage ist im Anhang Redaktiert und mit Q2 bezeichnet.
[25] Redaktion einer mündlichen Reportage von Juana Isa, übertragen vom Radiosender „Radio Martí" am 28. Januar 2008. Redaktiert von mir September 2010.

Castro stellt Martí inseiner berühmten Verteidigungsrede "Die Geschichte wird mich freisprechen"als den „geistigen Vater"[26] des Überfalls auf die Moncada-Kaserne dar, eines der bedeutendsten Ereignisse der kubanischen Revolution. Außerdem sponsert das Regime von Castro zahlreiche Massenveranstaltungen zur Ehrung von Jose Martí. Weiterhin ist die Insel von Kuba von Denkmälern, Monumenten und öffentlichen Plätzen, die den Namen von Martí tragen, überladen, wie zum Beispiel die "Plaza Jose Martí" und der "Flughafen Jose Martí" in Havanna.[27] In Castros Reden wird Marti häufig als „Nationalheld"[28], „außergewöhnliches Vorbild"[29], als „Verkünder und Schmied der Unabhängigkeit"[30] Kubas geschildert. Mit solchen Aussagen wird ganz klar, dass Martí von diesem Regime als Nationalheld und wesentliche Figur der Unabhängigkeit Kubas betrachtet wird.

Auf Seite der Dissidentenkubaner ist ebenfalls deutlich zu erkennen, was für eine Bedeutung die Figur von Marti hat. Jose Martí gilt auch für sie als der wichtigste Vorkämpfer für die Unabhängigkeit und Freiheit Kubas. Er wird als Held betrachtet, und der "größte Kubaner aller Zeiten"[31] genannt. Marti gilt auch für Dissidentenkubaner als der "Apostel der Unabhängigkeit Kubas".[32] Auch im Ausland gibt es unzählige Monumente für Martí. Zwei Beispiele dafür sind das Monument von Martí im Zentralpark von New York und das Monument in Florida. Auf allen Denkmälern wird Marti als heroische und väterliche Figur abgebildet.[33]

Im Folgenden werden durch eine vergleichende Analyse die Unterschiede im Martikult beider Seiten vorgestellt. An den untersuchten Quellen kann man beweisen, dass es auch große Unterschiede zwischen dem Martikult seitens der kubanischen Dissidenten und der kommunistischen Regimes andererseits gibt. Der größte Unterschied besteht darin, welche Eigenschaften der Ideologie Martís von der jeweiligen Seite hervorgehoben werden.

Vertreter der kommunistischen Regierung schildern Martí als Gegner des nordamerikanischen Imperialismus mit expansionistischen Interessen. In vielen Reden Castros werden Zitate von Martí angegeben, die diesen Eindruck erwecken.[34] Obwohl José Martí in der Wirklichkeit gegen alle Typen von Imperialismus war, die die Freiheit der

---

[26]Castro, Fidel: *Die Geschichte wird mich freisprechen*. Rotbuch Verlag. Berlin. 2009. S. 15 f.
[27]Vgl. Beck: a.a.O., S. 1.
[28]Fidel 2003.
[29]Fidel 2003.
[30]Fidel 2003.
[31]Sigler - Amaya, Juan Francisco: *Reportage: Recuerdan a Martí en municipio matancero*. Noticias Radio Martí. o.O. 29. Januar 2008 (Entnommen aus: http://www.martinoticias.com/fullstory.aspx?id=3188929900333420811821993255640179908182)
[32]Corzo, Pedro: *Reportage: Realizan en Miami encuentro Celebrando a Martí*.Noticias Radio Martí. Miami. 27. Januar 2006. (Entnommen aus: http://www.martinoticias.com/fullstory.aspx?id=4014646496193652747196996582362678046681)
[33]Siehe Anhang, Q3 und Q4.
[34]Fidel 2003.

Völker bedrohen könnten, wird dieser Aspekt seiner Ideologie von den Kommunisten übertrieben.

Anderseits gilt Martí für die Dissidentenkubaner als Bastion der Freiheit und Demokratie. Martí wird als der Mann beschrieben, der wichtige „Ideen über Freiheit und Demokratie"[35] vorgestellt hat und er wird auch als „Architekt der kubanischen Unabhängigkeitsbewegung"[36] bezeichnet. Außerdem wird Martí dargestellt als Gegner der Tyrannei[37] und autoritärer Regime, und damit auch als Gegner Castros.

Dabei verfolgen beide Seiten völlig unterschiedliche und entgegengesetzte Ziele. Das Regime von Castro versucht, mit Hilfe der Hervorhebung einzelner Aspekte der Ideologie Martís das eigene Vorgehen zu rechtfertigen. Er benutzt zum Beispiel die antiimperialistischen Aussagen von Martí, um sich gegen die USA zuwenden. Dabei versucht er auch, seine eigene Ideologie mit der Ideologie Martís in Verbindung zu setzen. Wenn also möglichst viele Personen denken, dass die Ideologie Castros die gleiche ist wie die des Nationalhelden Martí, werden sie auch der Meinung sein, dass das System Castros auch von Martí unterstützt wird.

Die Dissidentenkubaner versuchen dagegen einen Kontrast zwischen diesen beiden Ideologien herzustellen. Da ständig über Freiheit, Demokratie und freie Wahlen gesprochen wird, wird das alles dem unterdrückenden System in Kuba gegenübergestellt, damit wird ganz deutlich für diejenigen, die solche Ansprachen hören, dass Castro die Ideale Martís verraten hat und dass das heutige Kuba genau das Gegenteil von dem Kuba ist, das José Martí herbeisehnte. Der Dissident Fleites bezeichnet Martí auch als eine dem Kommunismus entgegengesetzte politische Figur. Er sagte einmal, dass Martí sich eine Republik vorstellte, die „von vielen kleinen Besitzern"[38] getragen werden sollte. Das widerspricht vollkommen kommunistischen Ideen und bildet damit auch einen klaren Kontrast zum Wirtschaftssystem Kubas.

E. Schlussfolgerung

Nach einer ausführlichen Untersuchung des Martíkults auf beiden Seiten der kubanischen Gesellschaft, nämlich der kommunistischen Seite und die Dissidentenkubaner, bin ich zum Schluss gelangt, dass Martí von beiden Seiten nicht nur als Held, sondern auch als

---

[35]Cabargas, Julio: In: Rodríguez, Dámaso: *Reportage: Celebra Junta Patriótica Cubana homenaje a José Martí.* Noticias Radio Martí. Miami. 29. Januar 2008 (Entnommen aus:
http://www.martinoticias.com/fullstory.aspx?id=924546622737520057195731094730 7012051103)
[36]Rivero, Alex: *Reportage: El historiador cubano José Moreno dijo que la figura de Martí no se aviene a la intención Gubernamental de justificar el periodismo oficial en la isla.* Noticias Radio Martí. Miami. 28. Januar 2008. (Entnommen aus:
http://www.martinoticias.com/fullstory.aspx?id=17218904840516790895444286749669 98632662)
[37]Vgl. Castro, Mariely. In: Ramos, José Luis: *Reportage: Radio Martí entrevista opositores en celebración por el natalicio de José Martí.*Noticias Radio Martí. Miami. 28. Januar 2009. (Entnommen aus:
http://www.martinoticias.com/fullstory.aspx?id=2C604C60-945D-4291-9E2ACB29461D310C)
[38]Isa 2008.

Apostel der kubanischen Unabhängigkeitsbewegung betrachtet wird. Beide Seiten organisieren zudem zahlreiche Massenveranstaltungen zur Ehrung von José Martí, seinem Werk und seinem außergewöhnlichen Einsatz für ein freies Kuba. In ausländischen Städten, in denen viele Dissidentenkubaner leben, gibt es Monumente und öffentlichen Plätze mit dem Namen Martís. Dadurch ist eine große Hingabe für Martí als Held und Apostel im kubanischen Volk zu erkennen, unabhängig vom politischen Denken.

Allerdings tauchen im Martíkult auch signifikante Unterschiede auf. Einerseits charakterisieren Castro und seine Anhänger Martí als Antiimperialist und Antikapitalist. Dadurch versucht er, seine Außen- und Innenpolitik zu rechtfertigen. Anderseits wird Martí seitens der Dissidentenkubaner als Bollwerk der Freiheit, Demokratie und Menschenrechte verehrt und gefeiert. Er wird als der Antagonist Castros dargestellt, sowohl auf politischer, als auch auf wirtschaftlicher Ebene. Im Laufe dieser Facharbeit hat sich also ergeben, dass, obwohl beide Seiten Martí als Nationalheld verehren, jede Seite völlig unterschiedliche Ziele verfolgt.

F. Quellenverzeichnis

Primärquellen:

Schriftliche Quellen:

- Castro, Fidel: *Die Geschichte wird mich freisprechen.* Rotbuch Verlag. Berlin. 2009.

- Martí, José: *Poesías Completas.* Claridad Verlag. Buenos Aires. 1983.

- Redaktion einer mündlichen Reportage von Juana Isa, übertragen vom Radiosender „Radio Martí" am 28. Januar 2008. Redaktiert von mir September 2010.

- Rede des Präsidenten der Republik Kuba, Fidel Castro Ruz, zum Abschluß der Internationalen Konferenz Für das Gleichgewicht der Welt, veranstaltet als Erinnerung an den den 150. Geburtstag José Martís, am 29. Januar 2003 (Entnommen aus: http://www.cuba.cu/gobierno/discursos)

- Rede von Fidel Castro, gehalten am 28. Januar 2008 zur Ehrung von José Martí. (Entnommen aus: http://www.cuba.cu/gobierno/discursos/)

Tondokumente:

- Cabargas, Julio: In: Rodríguez, Dámaso: *Reportage: Celebra Junta Patriótica Cubana homenaje a José Martí.* Noticias Radio Martí. Miami. 29. Januar 2008 (Entnommenaus: http://www.martinoticias.com/fullstory.aspx?id=9245466227375200571957310947307012051103)

- Castro, Mariely. In: Ramos, José Luis: *Reportage: Radio Martí entrevista opositores en celebración por el natalicio de José Martí.* Noticias Radio Martí. Miami. 28. Januar 2009. (Entnommen aus: http://www.martinoticias.com/fullstory.aspx?id=2C604C60-945D-4291-9E2ACB29461D310C)

- Corzo, Pedro: *Reportage: Realizan en Miami encuentro Celebrando a Martí.* Noticias Radio Martí. Miami. 27. Januar 2006. (Entnommen aus: http://www.martinoticias.com/fullstory.aspx?id=401464649619365274719699658236267804668l)

- Isa, Juana: *Reportage: El exilio cubano ratifica vocación martiana.* Noticias Radio Martí. Miami. 28. Januar 2008.(Entnommen aus: http://www.martinoticias.com/fullstory.aspx?id=558802514138168109907772640808826816689Ó)

- Rivero, Alex: *Reportage: El historiador cubano José Moreno dijo que la figura de Martí no se aviene a la intención Gubernamental de justificar el periodismo oficial en la isla.* Noticias Radio Martí. Miami. 28. Januar 2008. (Entnommen aus: http://www.martinoticias.com/fullstory.aspx?id=1721890484051679089544428674966998632662)

- Sigler - Amaya, Juan Francisco: *Reportage: Recuerdan a Martí en municipio matancero.* Noticias Radio Martí. o.O. 29. Januar 2008 (Entnommen aus: http://www.martinoticias.com/fullstory.aspx?id=3188929900333420811821993255640179908182)

Bilddokumente:

- Denkmal von José Martí im Zentralpark, New York. (Entnommen aus: http://es.wikipedia.org/wiki/Jos%C3%A9_Mart%C3%AD)

- Denkmal von José Martí in Cienfuegos, Kuba (Entnommen aus: http://es.wikipedia.org/wiki/Jos%C3%A9_Mart%C3%AD)

Sekundärliteratur:

- Beck, Johannes:*José Martí und die Unabhängigkeitsbewegung.* Hauptseminararbeit am Historischen Seminar der Universität Köln. Köln. 1998.

- Eisenschmid, Rainer, u.a.(Hrsg.): *Kuba.* Baedeker Verlag. Ostfildern. 2006.

- Gaedeke, Dieter: *Geißel oder süßes Gold?: Zur Rolle des Zuckers in der kubanischen Geschichte.* In: Praxis Geschichte. Heft 1 Jahrgang 1992. Westermann Verlag. o.O. 1992.

- Immisch, Joachim u. Goerlitz, Erich (Hrsg.): *Zeiten und Menschen: Zeitgeschichte: Von der Oktoberrevolution bis zur Gegenwart.* Schöningh Verlag. Paderborn. 1983.

- Staten, Clifford L.: *The History of Cuba.* Palgrave Macmillan Verlag. New York. 2005.

- Zeuske, Michael: *Kleine Geschichte Kubas.* Beck Verlag. München. 2007.

G. Anhang.

Q1: Rede von Fidel Castro, gehalten am 28. Januar 2008 zur Ehrung von José Martí. (Entnommen aus: http://www.cuba.cu/gobierno/discursos/)

Vor fünf Jahren fand in Kuba zu Ehren José Martís – sein Geburtsdatum jährte sich zum 150. Male – die Internationale Konferenz zum Gleichgewicht der Welt statt, auf der Delegierte aus 43 Ländern aller Kontinente anwesend waren. Am Abend des 29. Januar jenes Jahres 2003 sprach ich zu ihnen. Der Zufall oder die vielen Zufälle wollten es, dass es zu einer Wiederholung von 1953 kam, obwohl auf eine signifikant andere Art.

Damals war mit der Befreiung der Heimat vom Joch des Imperiums sein Andenken zu ehren; und jenes andere Mal machte es sich erforderlich, auf dem Gebiet der Ideen gegen die Bedrohung vorzugehen, die die Worte des Präsidenten der Vereinigten Staaten in der Akademie von West Point für die Menschheit bedeuteten.

Was ich an jenem Tag aus tiefster Überzeugung äußerte, wurde zum Ausgangspunkt eines wesentlichen Teils der Reflexionen, die ich während meiner Rekonvaleszenz zu Papier brachte.

Es ist diese meine bescheidene Pflichterfüllung dem Meister gegenüber. Auch entbiete ich meinen Gruß den Hunderten von Intellektuellen und Personen der Welt der Ideen, die sich in der gleichen Absicht der Ehrenbezeugung für José Martí zu seinem 155. Geburtsdatum wieder hier zusammenfinden. Diese und keine anderen sind meine Worte dazu! Unsere Presse bitte ich, sie nach Möglichkeit auf einer der Innenseiten zu veröffentlichen, um nicht den Platz anderer wesentlicher Meldungen zu den Gedenkfeiern einzuschränken.

Fidel Castro Ruz

Q2: Redaktion einer mündlichen Reportage von Juana Isa, übertragen vom Radiosender „Radio Martí" am 28. Januar 2008. Redaktiert von mir im September 2010.

Los actos en recordación a José Martí dieron comienzo en Miami el domingo 27 con una velada organizada por el Foro Revolucionario Democrático Cubano, durante la cual el doctor Armando Fleites resaltó los postulados martianos en aspectos tan sensibles a la nación como el social, el político, el económico y el cultural:

"Al conmemorarse un nuevo aniversario del nacimiento del Apóstol de los cubanos, José Martí, le rendimos el excelso tributo de la patria agradecida. Planteó que la primera ley de la República naciente sería el culto de los cubanos a la libertad plena del hombre. Tenía razón cuando planteaba que el caudillo de una revolución no debía ser el presidente de la República. Contemplaba el bienestar de la nación en el equilibrio y armonía de las diferentes clases sociales. En el aspecto económico, aspiraba a una República de muchos pequeños propietarios. Condenaba a la discriminación de todo tipo, y en uno de sus discursos más célebres, exclamó: "No se hable de razas, dígase cubano y ya se ha dicho todo." La ley y el derecho serían fundamentales en la República cuando planteaba que las palmas son novias que esperan, y hemos de poner la justicia tan alta como las palmas. Anhelamos una República independiente y soberana, de la plena autodeterminación del pueblo, mediante elecciones periódicas, transparentes y libres. Martí planteaba: "Ser cultos para ser libres". En la República martiana, no tiene espacio el caudillismo."

Martí era civil y humanista, concluyó diciendo el doctor Armando Fleites. Para Radio Martí, Juana Isa.

Q3: Denkmal von José Martí im Zentralpark, New York. (Entnommen aus: http://es.wikipedia.org/wiki/Jos%C3%A9_Mart%C3%AD)

Q4: Denkmal von José Martí in Cienfuegos, Kuba (Entnommen aus: http://es.wikipedia.org/wiki/Jos%C3%A9_Mart%C3%AD)